Un guide pour les enseignants
Robert Munsch
en classe Vol. 2

Amy von Heyking et
Janet McConaghy

Texte français de Louise Prévost-Bicego

Éditions Scholastic

Nous remercions les élèves qui nous ont si généreusement permis
d'utiliser leurs travaux et les parents qui nous ont si gentiment autorisés
à reproduire des photographies de leur enfant.

Conception graphique de la page couverture
et de l'intérieur : Andrea Casault

Copyright © Michael Martchenko, pour les illustrations
de la page couverture et de l'intérieur.

Photographie de la page 6 : Barry Johnston

Nous avons fait tout en notre pouvoir pour obtenir la permission d'utiliser
les photographies reproduites dans ce livre et pour en accorder le crédit
à qui de droit. Toute information supplémentaire qui nous sera signalée
à leur sujet sera ajoutée aux éditions subséquentes.

Catalogage avant publication de Bibliothèque et Archives Canada
Von Heyking, Amy J. (Amy Jeanette), 1965-
Robert Munsch en classe : un guide pour les enseignants / Amy von
Heyking, Janet McConaghy ; texte français de Martine Faubert.

Vol. 2 traduit par Louise Prévost-Bicego.
Traduction de: Teaching with Robert Munsch books.
ISBN 0-439-97436-4 (v. 1).--ISBN 0-439-95703-6 (v. 2)

1. Munsch, Robert N., 1945- --Étude et enseignement (Primaire).
2. Français (Langue)--Étude et enseignement (Primaire). 3. Arts du langage
(Primaire) 4. Sciences sociales--Étude et enseignement (Primaire)--Canada.
5. Histoires pour enfants canadiennes-françaises--Étude et enseignement
(Primaire) I. McConaghy, Janet II. Faubert, Martine III. Prévost-Bicego,
Louise IV. Titre.

PS8576.U575Z9214 2003   C813'.54   C2003-901646-3

Édition publiée par les Éditions Scholastic, 175 Hillmount Road, Markham (Ontario) L6C 1Z7 CANADA.

6 5 4 3 2 1   Imprimé au Canada   05 06 07 08

Table des matières

L'histoire de
Robert Munsch

Qui est Robert Munsch? C'est l'un des conteurs les plus aimés en Amérique du Nord, et ses livres, dont le succès de librairie *Je t'aimerai toujours*, divertissent les enfants depuis des dizaines d'années.

Robert a grandi dans une famille de neuf enfants. On pourrait penser qu'il a eu une enfance difficile, mais selon lui, il n'en est rien. Il pouvait s'adonner à ses activités préférées – comme la lecture – sans trop d'interruptions. Tout jeune, Robert était un lecteur infatigable. Il lisait tout ce qui lui tombait sous la main. Son livre préféré était un livre de Dr Seuss. Il aimait aussi composer des poèmes... humoristiques, bien sûr.

Cela peut sembler surprenant, mais Robert Munsch n'a pas toujours été écrivain. Il travaillait dans une garderie lorsque l'épouse de son patron, une bibliothécaire pour enfants, l'a entendu conter des histoires. Celles-ci lui ont tellement plu qu'elle a conseillé à Robert de les mettre par écrit et de les envoyer à un éditeur.

Le croiriez-vous? Neuf éditeurs ont refusé ses histoires! Enfin, un éditeur a accepté d'en publier une, et le tout premier album de Robert Munsch, intitulé *Mud Puddle*, a paru en 1979. Malgré tout, ce n'est que cinq années plus tard que Robert a finalement quitté son emploi à la garderie. Depuis, il a publié plus de quarante albums!

Où Robert puise-t-il ses idées? Dans presque tous les cas, ce sont des enfants qui les lui fournissent. Parfois, il remarque quelqu'un dans l'auditoire durant une séance de contes et lui demande s'il ou elle aimerait être un personnage dans l'une de ses histoires. Parfois aussi, sa source d'inspiration est un enfant rencontré ou une lettre que quelqu'un lui a envoyée. Il puise ses idées un peu partout. Cependant, il ne publie pas toutes ses histoires – il y en a bien trop! Une séance de contes peut inclure quatorze ou quinze histoires, inédites pour la plupart. Quand une histoire lui semble particulièrement bonne, il la conte à plusieurs reprises – parfois durant des années – jusqu'au jour où il décide qu'elle est prête à être publiée.

Il importe à Robert que ses albums captivent les enfants où qu'ils vivent en Amérique du Nord, ou même dans le monde. Ainsi, lorsqu'une histoire se déroule à Toronto, il veille à ce qu'elle ait tout autant d'attrait pour les enfants des Territoires du Nord-Ouest que pour ceux qui habitent en ville, et vice versa. Cela demande parfois beaucoup d'ingéniosité.

Robert aime conter des histoires dans les écoles et les bibliothèques. Parfois, lorsqu'il se rend dans une région particulière, il vérifie si une école locale lui a écrit et il y fait une visite surprise. Il lui arrive de communiquer avec une bibliothèque ou une école et de demander au personnel de lui trouver une famille intéressante chez qui séjourner durant son voyage. Quelle famille chanceuse!

Que fait Robert pour s'amuser? Il aime lire, promener ses chiens à la campagne, aller à bicyclette et même grimper aux arbres! Et il adore les ailes de poulet très, très épicées.

Robert a trois enfants, Julie, Andrew et Tyya, et il a écrit des histoires pour chacun d'eux. Dans *Ma dent ne veut pas tomber!*, la famille représentée est celle de Robert Munsch – ou du moins, telle que l'a illustrée Michael Martchenko.

Robert consacre aussi une partie de son temps à lire les lettres qu'il reçoit et à y répondre. Chaque mois, il reçoit environ 200 lettres provenant d'écoles et 200 autres lettres de la part d'enfants. Cela fait beaucoup de courrier à lire et à écrire!

Pour Robert Munsch, conter des histoires est véritablement un don. Toutefois, il lui a fallu des années avant de reconnaître son talent. Il se demande souvent ce qui fait un bon conteur. Il faut évidemment avoir l'esprit vif, mais il faut aussi savoir écouter – surtout les enfants. Chose certaine, ses talents de conteur l'ont rendu populaire auprès des enfants du monde entier.

Être écrivain exige du dévouement aussi bien que du talent, mais, assure Robert : « C'est le meilleur travail que j'ai jamais eu. »

Tiré de *Munsch More!: A Robert Munsch Collection*

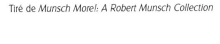

Questions et réponses

Q : « D'où vous viennent vos idées? Comment décidez-vous lesquelles vous allez utiliser? »
Katrina, 10 ans

R : « Mes idées me viennent... des enfants. » (« Pourriez-vous inventer une histoire au sujet de ma queue de cheval? » — *Les fantaisies d'Adèle*)

...en observant des enfants. » (« As-tu vu? Cette fille met du violet sur ses ongles! » — *Violet, vert et jaune*)

...de mes visites dans des familles. » (« C'est ma fête et vous contez des histoires. » — *L'anniversaire*)

...de lettres. » (« Quand je sors Amy du lit, elle s'endort sur le plancher. » — *Sors du lit, Annie!*)

...en contant. » (« Je vais inventer une nouvelle histoire. Qui aimerait en faire partie? »)

Q : « Vos histoires sont-elles vraies? »
Duncan, 10 ans

R : « Presque toutes mes histoires sont inventées. Les enfants dans mes histoires existent vraiment, mais le reste est inventé. »

Q : « Pouvez-vous écrire des histoires qui font peur? »
Linda, 8 ans

R : « Je ne suis pas tellement doué pour les histoires qui font peur, alors je n'en écris pas. »

Q : « Quels étaient vos jeux préférés quand vous étiez petit? »

R : « Quand j'étais petit, j'aimais surtout jouer à cache-cache. J'étais plutôt bon à ce jeu, car je pouvais courir très vite. Il y avait, dans ma cour, un arbre gigantesque qui servait toujours de cible. »

Q : « Pourquoi avez-vous commencé à écrire? »
Shaun

R : « J'ai commencé à écrire pour me souvenir de mes histoires. »

Q : « À part écrire des histoires, quels sont vos passe-temps favoris? »

R : « Répondre aux lettres en est un. J'aime aussi promener mon chien dans les bois, sans laisse, aller à bicyclette quand il fait beau et grimper aux arbres – de grands pins blancs qui dominent le reste de la forêt. »

Q : « Votre disque compact contient deux chansons. Quel est, à votre avis, le rôle des chansons pour communiquer avec les enfants ou conter une histoire? »

R : « Je considère mes histoires comme des chansons sans musique; elles ont la cadence répétitive de chansons. Certaines ont même de la musique en elles, dans les répétitions de sons, par exemple. Les enfants sont sensibles à la structure du chant, qu'ils perçoivent avant même celle du texte. Ils apprennent beaucoup sur la structure du langage par ce que nous appelons le chant et la poésie. Le gazouillement d'un bébé est mélodieux. Les chansons et le chant font partie intégrante de l'apprentissage du langage chez les enfants. »

Q : « Comment peut-on inciter les enfants à lire? »

R : « En faisant en sorte que ce soit amusant – on peut déguiser sa voix et faire des sons rigolos en lisant. Il faut aussi choisir des livres qui les intéressent; s'ils aiment les bandes dessinées, lisez-leur des bandes dessinées. On n'est pas obligé de lire les classiques; n'importe quelle lecture est bonne. S'ils veulent que vous leur

lisiez des livres sur les motocyclettes, allez-y. Les livres devraient enrichir les passe-temps des enfants, quels que soient leurs centres d'intérêt. »

L'humour de Munsch

Il arrive que des parents se montrent un peu agacés par le « ton » des histoires de Munsch. Faites-leur remarquer que :

🌀 dans les histoires de Munsch, l'humour naît de l'exagération et que c'est un trait qui plaît beaucoup aux enfants.

🌀 dans toutes ses histoires, Munsch utilise une approche fantaisiste face à des situations familières pour les enfants. Ce n'est pas la réalité toute pure, et les enfants le comprennent très bien.

🌀 l'humour naît souvent de situations où les enfants ont le dessus sur leurs parents ou sur d'autres symboles d'autorité. Encore une fois, ces renversements de situation amusent beaucoup les enfants.

🌀 les enfants apprennent à reconnaître les éléments du texte et des illustrations qui, ensemble, rendent les histoires de Munsch si amusantes.

Portrait de Michael Martchenko

Les illustrations de Michael Martchenko sont bien connues des enfants, des parents et des enseignants partout au pays, et bien qu'il ait illustré des albums pour un grand nombre d'écrivains (y compris lui-même!), il est surtout connu pour ses travaux de collaboration avec Robert Munsch. Michael a toujours aimé dessiner. Tout jeune, il reproduisait des couvertures de livres de bandes dessinées, imitant les formes et les couleurs. « C'était une excellente façon d'apprendre », dit-il. Quoiqu'il n'ait pas pu suivre de cours d'art à l'école secondaire, il n'a pas abandonné pour autant. Déterminé à devenir un artiste, il est allé étudier l'illustration à l'Ontario College of Art, à Toronto.

Ses études terminées, Michael est devenu directeur adjoint de la création dans une agence de publicité. Son travail consistait à produire des scénarimages pour la conception d'annonces. Il pensait bien travailler toute sa vie dans ce domaine. Puis un jour, lors d'une exposition, Robert Munsch a vu une illustration de Michael et a été intrigué par son style expressif. Robert a alors proposé à Michael d'illustrer *La princesse à la robe de papier*, et c'est ainsi qu'est né un partenariat fantastique.

Michael avoue qu'au début, cette histoire ne l'enchantait pas vraiment. « Ma réaction initiale a été "Ouache!" », dit-il, croyant qu'il s'agissait d'un conte de fée traditionnel, avec un prince et une princesse. Puis il a lu l'histoire et l'a trouvée géniale.

Cependant, Michael n'a pas immédiatement quitté son emploi à l'agence de publicité. « J'envisageais d'illustrer des albums durant ma retraite. Je n'ai jamais songé à faire ce genre de travail à temps complet. » Il travaillait donc de jour à l'agence de publicité, et consacrait ses soirées et ses fins de semaine à l'illustration d'albums.

Depuis une dizaine d'années, Michael illustre des albums à plein temps et s'en dit fort heureux. « J'adore mon travail. »

Quel est le secret de ses illustrations? Quand on lui propose une histoire, Michael ne trace pas immédiatement d'esquisses. Il commence plutôt par former ce qu'il appelle des « images mentales » s'agençant à l'histoire. Ensuite, il trace des croquis miniatures ou des scénarimages, tout comme il le faisait quand il était directeur de la création. Viennent ensuite les dessins pleine dimension au crayon, suivis des aquarelles.

Et qu'en est-il des arrière-plans si drôles qui font le bonheur de ses admirateurs? En fait, il n'en a pas toujours dessinés. Les idées lui sont venues petit à petit. Il n'avait pas prévu, par exemple, montrer un singe en train d'aider d'autres animaux à s'échapper du zoo, dans *Un bébé Alligator?* « Ils me viennent au fur et à mesure », dit-il en parlant des détails qu'il ajoute. Les lecteurs s'attendent désormais à les trouver, mais Michael veille à ce que les images de l'arrière-plan ne détournent pas trop l'attention de l'histoire.

Lorsqu'il illustrait *Mmm... des biscuits!*, Michael a dessiné un ptérodactyle. L'auteur a tellement apprécié ce détail qu'il a demandé à Michael de l'inclure dans tous les livres auxquels ils allaient collaborer. Depuis, Michael poursuit cette tradition. (On retrouve d'ailleurs le ptérodactyle dans quatre des albums utilisés pour le présent guide.)

Que fait Michael en dehors de son travail d'illustrateur? Il se passionne pour l'histoire et les avions. En fait, il collectionne le matériel d'aviation, comme les uniformes d'autrefois et les vieux insignes. Il a d'ailleurs fait des peintures d'avions historiques. Récemment, il a recommencé à jouer de la guitare, ce qui lui procure quelques moments de répit dans son horaire fort chargé.

Michael Martchenko et Robert Munsch forment un merveilleux partenariat et leur collaboration a fait la joie d'innombrables lecteurs au fil des années. Il faut dire que Michael en tire lui aussi beaucoup de plaisir. « Je n'arrive toujours pas à croire que j'ai la chance de gagner ma vie ainsi! »

Adapté de *Munsch More!: A Robert Munsch Collection*

Origine de l'histoire
Ma dent ne veut
pas tomber!

Robert Munsch a écrit l'histoire *Ma dent ne veut pas tomber!* en 1982 à Fort Qu'Appelle, en Saskatchewan. Il l'a contée pour un enfant à qui il manquait quatre dents. Cette histoire ayant connu un franc succès, il l'a répétée souvent pour des enfants ayant des dents branlantes. Mais le temps a passé et Robert a perdu de vue l'enfant qui lui avait inspiré ce conte. Plutôt que de laisser cette merveilleuse histoire tomber dans l'oubli, il a décidé que son propre fils, Andrew (on l'a nommé André dans la version française) y jouerait le rôle principal. Il se souvenait qu'Andrew n'aimait pas du tout que son père tente de lui arracher des dents branlantes. Si c'était ta dent, que ferais-tu?

Ma dent ne veut pas tomber!

Résumé

André a une dent qui branle et il veut à tout prix s'en débarrasser. Malgré toutes les tentatives de sa mère, de son père et du dentiste, rien n'y fait – sa dent résiste toujours. Louis, un ami d'André, décide donc d'appeler une experte en la matière : la fée des dents. Quand cette dernière échoue à son tour, Louis a une idée. Il saupoudre du poivre sur le nez d'André et celui-ci éternue si fort que sa dent s'envole jusqu'à l'autre bout de la ville.

Questions :

Avant de commencer à lire

Regarde la couverture.
- À ton avis, qui sont les deux personnes que l'on voit ici?
- D'après le titre, peux-tu songer à un problème qui pourrait survenir dans cette histoire?
- À ton avis, comment la dent d'André finira-t-elle par tomber?
- (Notez les suppositions des élèves sur une grande feuille ou au tableau.)

Regarde l'arrière du livre.
- Qu'apprends-tu à propos de l'auteur? Et de l'illustrateur?
- Lis le résumé et essaie de deviner qui sera l'expert.
- (Notez les suppositions des élèves sur une grande feuille ou au tableau.)

En cours de lecture

- p. 7 : D'après toi, qui est le père dans cette histoire?
- p. 14 : À ton avis, que va faire le dentiste?
- p. 18 : Qu'est-ce que Louis va faire?
- p. 22 : D'après toi, quelle suggestion fera Louis, cette fois?

Quand la lecture est terminée

- Vérifiez les suppositions que les élèves avaient faites avant de lire le livre.
- Notez, sur un tableau, les différentes façons dont la mère, le père et le dentiste ont essayé d'arracher la dent d'André.
- Retournez à l'illustration de la fée des dents, à la page 21. Discutez avec les élèves de la fée des dents telle qu'elle est représentée dans cette histoire et demandez-leur s'ils trouvent qu'elle ressemble aux fées des dents qui figurent dans d'autres albums qu'ils ont lus.

- À l'aide d'un diagramme de Venn, montrez à vos élèves les points de ressemblance et de divergence entre la fée des dents de cette histoire et les fées que l'on trouve dans d'autres albums (consultez la liste de ressources à la p. 60).
- Demandez aux élèves pourquoi l'auteur a créé, pour cette histoire, une fée des dents aussi différente de celles que l'on trouve dans d'autres albums?

Coup d'œil sur les illustrations

- 🌀 Le garçon représenté dans cette histoire est le fils de Robert Munsch. Qu'est-ce que les illustrations de ce livre te révèlent au sujet de la famille de l'auteur?

- 🌀 Attirez l'attention des élèves sur la plaque d'immatriculation de la voiture du dentiste, à la page 13.

Comment arracher une dent qui branle

Au cours de cette activité, les élèves auront l'occasion d'utiliser un organigramme afin de décrire comment ils s'y prendraient pour faire tomber une dent qui branle.

Liens avec le programme
Langue et communication — rédaction d'une suite d'événements

Matériel nécessaire
Feuilles de mise en séquence (voir le modèle à reproduire, aux pp. 12 et 13)

Déroulement de l'activité
1. Pour commencer, discutez avec les élèves de la raison pour laquelle les premières dents sont appelées des dents de lait. Demandez aux élèves de raconter ce qui s'est passé lorsqu'ils ont perdu une dent de lait. *Que faisais-tu quand ta dent est tombée? Est-elle tombée toute seule ou est-ce le dentiste qui l'a enlevée? As-tu une dent qui branle en ce moment? Combien de dents as-tu perdues? Lesquelles as-tu perdues?*

2. Reportez-vous au tableau décrivant les façons dont on a tenté d'arracher la dent branlante d'André. Rappelez aux élèves que les histoires de Robert Munsch sont souvent drôles parce qu'elles présentent des situations bien trop farfelues pour être vraies, comme par exemple le dentiste qui prend une corde et en noue une extrémité à la dent d'André et l'autre à sa voiture.

3. Animez une séance de remue-méninges avec les élèves afin de leur faire trouver d'autres solutions au problème d'André.

4. Expliquez aux élèves qu'ils vont écrire comment ils s'y prendraient pour faire tomber une dent.

5. Donnez-leur d'abord de vive voix un exemple d'approche par étapes (pour faire un bonhomme de neige, il faut d'abord…, puis on…, ensuite on…, etc.)

6. Choisissez l'une des façons dont les personnages de l'histoire ont tenté d'arracher la dent d'André, comme par exemple le père d'André qui essaie de l'extraire avec des pinces, et remplissez ensemble une feuille de mise en séquence. Encouragez les élèves à ajouter des détails en plus de ceux qui se trouvent dans les illustrations et dans le texte.

7. Demandez aux élèves de choisir l'une des idées proposées durant la séance de remue-méninges et de créer leur propre suite d'événements en abrégé sur la feuille de mise en séquence.

8. En vous servant de la suite d'événements que vous avez créée ensemble, montrez aux élèves comment rédiger un paragraphe à partir de l'information se trouvant sur la feuille de mise en séquence.

9. Demandez aux élèves de faire part de leurs solutions au reste de la classe.

Renforcement

Vous pourriez proposer aux élèves de lire les albums suivants :
Clifford perd une dent
    (Wendy Cheyette Lewison)
Caillou chez le dentiste
    (Johanne Mercier)
Hip, hip, hip, les dents
    (Gina Shaw)
J'ai perdu une dent!
    (Hans Wilhelm)
Le club des dents
    (Gilles Tibo)

Mise en séquence

Titre : _____

Introduction (première phrase) : _____

Premièrement

_____

_____

_____

Puis

_____

_____

_____

Après cela

_____

_____

_____

Conclusion : _____

_____

Nom : _____

_____

_____

Deuxièmement

_____

_____

_____

Ensuite

_____

_____

_____

Pour terminer

_____

_____

_____

Où vont tes dents?

Perdre sa première dent est une expérience que bien des enfants ont hâte de connaître, mais qui peut aussi parfois causer de l'anxiété. Selon une coutume fort répandue, les enfants glissent leur dent sous l'oreiller en espérant que la fée des dents passera la prendre durant la nuit. Mais qu'advient-il de toutes ces dents? Où vont-elles?

Liens avec le programme

Arts du langage — rédaction d'un texte sur des expériences se rattachant à celles de l'histoire
 — révision de mots et de phrases

Matériel nécessaire

Mais que font les fées avec toutes ces dents? (Michel Luppens)
Feuilles de papier en forme de dent (voir le modèle à reproduire, à la p. 16)

Déroulement de l'activité

1. Reportez-vous à la page 29 dans *Ma dent ne veut pas tomber!* et demandez aux élèves d'émettre des suggestions à propos de ce que pourrait faire la fée des dents avec la dent d'André.

2. Lisez à voix haute l'histoire *Mais que font les fées avec toutes ces dents?*

3. Animez une séance de remue-méninges pour trouver d'autres possibilités à propos de ce qui arrive aux dents tombées.

4. Demandez à chaque élève de choisir une hypothèse comme sujet de rédaction. Faites-leur écrire une première ébauche que vous réviserez et corrigerez. Demandez à chaque élève de récrire la version corrigée sur une feuille en forme de dent.

5. Invitez les élèves à lire leur texte final au reste de la classe en s'assoyant dans la « chaise de l'auteur ».

6. Dans la classe, créez un montage avec les textes des élèves.

7. Vous pourriez également produire un diagramme sur le nombre de dents que les élèves de votre classe ont perdues.

Renforcement

◎ Les élèves pourraient également lire les albums suivants :
Benjamin et la fée des dents (Paulette Bourgeois)
Caramel et la fée des dents (Kate McMullan)

◎ Après qu'ils auront lu ces livres, demandez aux élèves d'écrire une lettre à la fée des dents pour lui parler des expériences qu'ils ont vécues lorsqu'ils ont perdu une dent.

Ce qui est arrivé
à ma dent

_____

_____

_____

_____

_____

_____

_____

_____

_____

_____

Nom : _____

Bouh!

Résumé

Cet Halloween-là, Luca décide d'avoir l'air si terrifiant que les gens vont crier et s'écrouler par terre en le voyant. Il se peint le visage et se couvre la tête d'une taie d'oreiller, puis va passer l'Halloween. Dès qu'il montre son visage, les gens s'évanouissent de frayeur. Après seulement deux maisons, Luca a tant de bonbons qu'il ne peut pas les porter. Un policier l'aide à les transporter jusque chez lui, mais a si peur en voyant le visage du garçon qu'il part en trombe. Un adolescent qui se présente chez Luca s'enfuit en hurlant et laisse derrière lui un énorme sac de bonbons. C'est ainsi que Luca finit par avoir des bonbons... jusqu'à l'Halloween suivant.

Questions

Avant de commencer à lire

Regarde la couverture.
- À quelle époque de l'année se déroule cette histoire?
- À qui l'enfant fait-il peur?
- Fais un croquis du visage de l'enfant.
- D'après toi, pourquoi l'illustrateur n'a-t-il pas montré le visage de l'enfant en couverture?

En cours de lecture

- Vérifie si tes suppositions étaient justes.
- p. 2 : Pourquoi le père de Luca est-il content que ce dernier ait décidé de se peindre le visage?
- p. 18 : Que va faire le policier?
- p. 22 : L'adolescent va-t-il faire peur à Luca?

Origine de l'histoire Bouh!

En juin 1991, Robert Munsch s'est rendu à l'improviste dans la classe de première et de deuxième de l'école Lloyd George à Hamilton, en Ontario. Un garçon nommé Lance a demandé une histoire au sujet de l'Halloween parce que c'était son jour préféré. Robert Munsch a alors inventé l'histoire qui allait devenir *Bouh!* Il l'a modifiée à mesure qu'il la contait à d'autres enfants et en a écrit plusieurs versions. Quand il a fait publier son histoire, l'école en question avait fermé ses portes et Lance (qu'on a nommé Luca dans la version française) était retourné vivre en Jamaïque. Robert Munsch n'a donc pas pu lui parler ni prendre de photos, comme il le fait habituellement. Par contre, un détail intéressant du voisinage de Lance figure dans les illustrations de *Bouh!* : l'école se trouve à côté d'une aciérie, que l'on peut voir dans plusieurs images du livre.

Quand la lecture est terminée

- Le visage de Luca était-il terrifiant? Pourquoi?
- D'après toi, pourquoi Luca voulait-il avoir l'air si terrifiant?
- Pourquoi le policier n'a-t-il rien dit à Luca à propos du fait que ce dernier avait volé des bonbons et de la nourriture?
- Luca fait certaines choses qui ne seraient pas vraiment drôles dans la vraie vie. Pourquoi cette histoire est-elle drôle, alors? L'histoire serait-elle aussi drôle si elle contenait des images « réalistes » plutôt que les illustrations humoristiques de Michael Martchenko?

Coup d'œil sur les illustrations

Laissez aux enfants le temps de bien examiner les illustrations pour en voir tous les détails. Dans cette histoire, les enfants devraient remarquer...

- le père qui se sert de sa boîte à outils pour réparer un costume à la page 3.

- des détails loufoques, comme les objets dans la cage de l'oiseau et les souris qui s'amusent à la page 11, le ptérodactyle dans la boîte aux lettres à la page 19, etc.

- l'énorme installation industrielle qui se trouve derrière les maisons du quartier où habite Luca.

Masques terrifiants

Au cours de cette activité, les élèves sont amenés à utiliser une variété de couleurs, de textures et de matériaux pour créer leur propre masque terrifiant.

Liens avec le programme
Arts — utilisation de couleurs, de motifs et de textures pour obtenir un effet visuel.

Matériel nécessaire
Assiettes en papier pour créer la forme du visage
Crayons feutres ou crayons de couleur
Papier de bricolage
Tissus de textures intéressantes
Laine
Cure-pipes
Ruban
Colle
Ciseaux

Déroulement de l'activité
1. Passez en revue la description du visage terrifiant de Luca à la page 6 et les illustrations aux pages 26 et 27. Discutez de ce qui rend le visage de Luca terrifiant.

2. Invitez les enfants à créer des masques terrifiants au moyen des assiettes en papier. Ils peuvent utiliser les matériaux de leur choix pour dessiner et décorer leurs masques – en y collant, par exemple, des morceaux de tissus et en créant des parties qui pendent, au moyen de cure-pipes ou de papier plié.

Renforcement
◉ Les élèves peuvent fabriquer leur propre masque en papier mâché.

◉ Les élèves peuvent créer leur propre portrait grandeur nature en version terrifiante. Faites-leur tracer leur corps sur de grandes feuilles de papier de boucherie et utiliser le matériel à leur disposition pour créer un costume, ainsi qu'un visage terrifiant.

La sécurité à l'Halloween

Dans l'histoire *Bouh!*, Luca et les autres enfants n'agissent pas toujours de façon sécuritaire. Au cours de cette activité, les enfants créeront des affiches rappelant les consignes de sécurité à suivre pour célébrer l'Halloween.

Liens avec le programme
Santé — sécurité
Arts

Matériel requis
Papier pour affiches
Peintures ou crayons feutres de couleur
Découpages à thème d'Halloween, par ex. citrouilles, chauves-souris

Déroulement de l'activité
1. Rappelez aux élèves que l'action de *Bouh!* se déroule à l'Halloween. Revoyez rapidement l'histoire et les illustrations, puis demandez aux élèves de repérer, dans ce que fait Luca, ce qui est sécuritaire (par ex., il se peint le visage plutôt que de porter un masque) et ce qui est dangereux (par ex., il se couvre la tête d'une taie d'oreiller). Notez leurs observations dans deux colonnes, au tableau.

2. Animez une séance de remue-méninges à propos de ce qui est sécuritaire et de ce qui ne l'est pas, quand on célèbre l'Halloween. Voici quelques exemples de comportements sécuritaires :

◎ se maquiller le visage plutôt que de porter un masque;

◎ passer l'Halloween en groupe, accompagné d'un adulte ou d'un adolescent responsable;

◎ suivre un parcours connu;

◎ apporter une lampe de poche;

◎ ne pas couper à travers les terrains ou passer par les ruelles;

◎ rester sur le trottoir;

◎ marcher, ne pas courir;

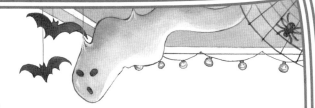

- traverser la rue de façon sécuritaire;

- porter un costume qui ne peut pas prendre feu;

- veiller à ce que son costume soit visible dans le noir (couleurs vives, bandes réfléchissantes);

- veiller à ce que son costume permette de bouger librement;

- ne pas apporter d'accessoires dangereux;

- aller seulement aux maisons où la lumière de l'entrée est allumée;

- ne jamais entrer dans les maisons; rester à la porte pour recevoir les bonbons;

- ne pas utiliser de chandelles pour éclairer les citrouilles;

- ne manger des friandises qu'après être rentré à la maison et les avoir fait inspecter par un adulte.

3. Animez une séance de remue-méninges dans le but de trouver des conseils de sécurité à donner aux adultes pour l'Halloween, comme par exemple, conduire lentement dans les quartiers résidentiels et bien éclairer l'entrée de la maison.

4. Invitez chaque enfant à réaliser une affiche promouvant un conseil de sécurité pour l'Halloween.

5. Posez les affiches dans les corridors de l'école avant l'Halloween pour rappeler aux élèves d'être prudents.

Renforcement

- Les élèves pourraient produire des messages d'intérêt public ou de brèves annonces publicitaires promouvant leurs conseils de sécurité pour l'Halloween et les diffuser à partir du système de sonorisation de l'école, durant les jours précédant l'Halloween.

- L'UNICEF fait la promotion de la sécurité à l'Halloween partout au Canada, par l'entremise de son programme de sécurité, en collaboration avec la police locale, les services d'incendie et d'ambulance, ainsi que les médias. Informez-vous au sujet du matériel préparé par l'UNICEF à l'intention des écoles.

Robert Munsch a inventé cette histoire à partir de souvenirs de son enfance. Quand il jouait des tours à son père pour le Poisson d'avril, celui-ci s'amusait à produire des effets sonores dont Robert raffolait. Des années plus tard, lorsque Robert travaillait dans une garderie, des enfants lui ont offert des biscuits en pâte à modeler; il a fait semblant de les manger en produisant toutes sortes de bruits. Bon nombre des histoires qu'il conte portent sur la nourriture et incluent des effets sonores évoquant ce que l'on pourrait entendre en préparant ou en mangeant divers aliments. L'une des histoires qu'il contait souvent était au sujet d'un groupe d'enfants qui donnaient de la pâte à modeler à manger à leur enseignante. Mais comment rendre les sons dans un album? Quand on glace un gâteau, est-ce que cela fait « glip » ou « chlip »? Ce n'est qu'après de nombreuses révisions qu'il a finalement publié l'album avec, comme personnage principal, son voisin Christopher.

Mmm... des biscuits!

Résumé

Christophe découvre un gros tas de pâte à modeler au sous-sol. Il décide d'en faire des biscuits et les offre à ses parents qui, s'apercevant trop tard du tour que leur fils leur a joué, vont vite se rincer la bouche. Dès que Christophe part à l'école, ils appellent son enseignante pour la prévenir qu'il pourrait avoir l'idée de distribuer des biscuits en pâte à modeler. Leur ayant répondu qu'elle sait exactement ce qu'il faut faire, elle prépare un biscuit en pâte à modeler spécialement pour Christophe. Une fois que ce dernier s'est rincé la bouche, la classe fait de vrais biscuits et Christophe en apporte un à la maison pour l'offrir à ses parents.

Questions

Avant de commencer à lire

Regarde la couverture.
- D'après toi, s'agit-il de vrais biscuits? Pourquoi ou pourquoi pas?
- À ton avis, pourquoi les parents de Christophe semblent-ils si dégoûtés?
- Selon toi, que pensent les parents de Christophe?
- Quel goût auraient ces biscuits, d'après toi?
- Dirais-tu « Mmm... que c'est bon! » pour les décrire?

Regarde la page de la dédicace.
- Pourquoi l'auteur a-t-il choisi l'image des deux souris pour illustrer la page de la dédicace?

- Penses-tu qu'il s'agit d'un indice au sujet de l'histoire?
- Penses-tu que les souris vont faire partie de l'histoire?

Regarde l'arrière du livre.
- Lis les renseignements au sujet de l'auteur et de l'illustrateur.
- Lis le résumé de l'histoire.
- D'après toi, à qui Christophe offrira-t-il son biscuit en pâte à modeler?
- Que ferais-tu si quelqu'un t'offrait un biscuit en pâte à modeler?

En cours de lecture

p. 18 : D'après toi, que va faire l'enseignante?
p. 26 : À ton avis, où Christophe va-t-il porter son biscuit?

Quand la lecture est terminée

- Demandez aux élèves de raconter s'il leur est arrivé de faire des biscuits avec de la pâte à modeler.
- Faites de la « pâte à modeler de maman », à partir de la recette qui se trouve au début du livre.
- Les élèves pourraient s'en servir pour fabriquer un cadeau spécial, comme une décoration de Noël, une breloque pour la fête des Mères ou un porte-crayons pour la fête des Pères.
- Il est également possible de relier cette activité à un autre sujet d'étude, en demandant, par exemple, aux élèves de créer un *inuksuk* pour l'étude des Inuits.

Coup d'œil sur les illustrations

Peux-tu trouver d'autres albums ou d'autres personnages des histoires de Robert Munsch dans les illustrations?

Gentillesses

En cultivant la gentillesse chez les élèves, on leur apprend à faire preuve de compassion et à penser aux autres. Au cours de cette activité, les élèves auront l'occasion de démontrer cette vertu qu'est la gentillesse en offrant leur aide aux autres et de prendre conscience de la gentillesse dont font preuve les autres à leur égard.

Liens avec le programme
Santé – choix dans les rapports avec les autres

Matériel nécessaire
Bandes de papier sur lesquelles écrire des gentillesses (voir le modèle à reproduire, à la p. 26)
Boîte étiquetée « Gentillesses », dans laquelle déposer les bandes de papier

Déroulement de l'activité
1. Commencez par demander aux élèves si, d'après eux, il arrive qu'en pensant faire quelque chose de drôle, on manque de gentillesse envers quelqu'un, même si l'on ne veut pas lui faire de mal intentionnellement. Est-il possible de manquer de gentillesse en jouant un tour à quelqu'un?

2. Demandez aux élèves de relever certaines actions de Christophe dans cette histoire qui, d'après eux, manquaient de gentillesse.

3. Invitez les enfants à raconter une occasion où quelqu'un a manqué de gentillesse à leur égard. Demandez-leur comment ils se sont sentis et ce qu'ils ont fait.

4. Reportez-vous à l'histoire et demandez aux enfants si, d'après eux, l'un des personnages a fait quelque chose de gentil pour quelqu'un d'autre. Invitez les enfants à décrire une occasion où quelqu'un a fait preuve de gentillesse à leur égard. Demandez-leur ce qu'a fait cette personne pour eux et comment ils se sont sentis.

5. Expliquez aux élèves qu'ils vont avoir l'occasion de faire une gentillesse à un membre de leur famille ou à un ami.

6. Animez une séance de remue-méninges afin de trouver des gentillesses que les élèves pourraient faire à quelqu'un d'autre, comme par exemple leur ouvrir la porte ou aider à mettre le couvert pour le souper. Inscrivez leurs idées sur une grande feuille à affiche.

7. Invitez les élèves à choisir une idée dans la liste et à l'écrire sur une bande de papier. Dites-leur de ne pas y écrire leur nom.

8. Déposez les bandes de papier dans la boîte étiquetée « Gentillesses » et demandez à chaque élève d'en tirer une. Si quelqu'un tire sa propre suggestion de gentillesse, demandez-lui de la remettre dans la boîte et d'en tirer une autre.

9. Dites aux enfants qu'ils ont 24 heures pour faire leur « gentillesse ».

10. Le lendemain, invitez les enfants à raconter la gentillesse qu'ils ont faite à un membre de leur famille, à un ami ou à un voisin.

Renforcement

◎ Pour faire suite à cette activité, vous pourriez organiser une semaine des « détecteurs de gentillesses » durant laquelle les enfants devront repérer les gentillesses de leurs camarades. Lorsqu'un élève remarquera un camarade qui fait un geste gentil à l'égard de quelqu'un d'autre, comme par exemple aider quelqu'un à la récré ou inviter quelqu'un à jouer avec lui, il remplira un « rapport de gentillesse » (voir le modèle à reproduire). À la fin de la semaine, vous pourriez passer en revue certaines des gentillesses relevées et faire tirer un prix.

Ouvrages connexes

◎ Autres livres portant sur ce thème :

Lili grand cœur (Sheila Keenan)
Le grand gentil loup (Marc Cantin)
Joyeux Noël, ours affamé (Don et Audrey Wood)

Gentillesses

😊 _____

_____

_____

😊 _____

_____

_____

😊 _____

_____

_____

😊 _____

_____

_____

😊 _____

_____

_____

Combien y a-t-il de biscuits dans le pot?

Au cours de cette activité, les élèves vont apprendre un jeu de mathématiques présentant le concept de la multiplication. Vous pouvez inviter toute la classe à y jouer ou disposer le jeu dans un centre de mathématiques pour que les élèves y jouent avec un partenaire.

Liens avec le programme
Mathématiques – initiation à la multiplication

Matériel nécessaire
Dés
Carnets de papier vierge

Préparation
Préparez d'avance des carnets – 8 feuilles de papier vierge agrafées

Déroulement de l'activité
1. Expliquez aux élèves qu'ils vont apprendre un nouveau jeu, auquel ils vont jouer avec un partenaire pour s'initier à la multiplication.

2. Invitez un élève à vous aider à démontrer comment le jeu fonctionne.

3. Commencez par lancer le dé – le chiffre obtenu représente le nombre de pots de biscuits que l'on dessine sur la première page du carnet. Le partenaire lance alors le dé et dessine sur la première page de son carnet le nombre de pots correspondant au chiffre obtenu sur le dé. La personne ayant joué en premier lance le dé une seconde fois et le chiffre obtenu correspond alors au nombre de biscuits à dessiner dans chaque pot. Puis c'est au tour de l'autre joueur de faire de même. Une fois que tous les pots contiennent des biscuits, chaque joueur compte le nombre de biscuits dans ses pots et celui qui en a le plus gagne cette manche.

4. Les joueurs continuent de lancer le dé jusqu'à ce qu'ils aient rempli les 8 pages du carnet.

5. Une fois que les élèves ont rempli leurs carnets, montrez-leur comment écrire l'énoncé de multiplication correspondant à chaque image. Par exemple, si on a 4 pots contenant chacun 2 biscuits, on écrit 4 x 2 = 8.

Renforcement

◎ Préparez de vrais biscuits avec les élèves. Les livres ci-dessous offrent des recettes amusantes :
Délices à offrir et à croquer (Elizabeth MacLeod)
Biscuits farfelus (Elizabeth MacLeod)
Gâteaux et biscuits (Fiona Watt)

◎ Demandez aux élèves d'apporter en classe leur recette de biscuits préférée et de l'illustrer. Compilez les recettes et les dessins, puis photocopiez-les pour créer un recueil de recettes spécial que chaque élève pourra rapporter à la maison.

Tes chaussettes sentent la mouffette!

Résumé

Tina veut des chaussettes neuves. Quand sa mère l'emmène au seul magasin en ville, elles découvrent qu'on n'y vend que des chaussettes noires. Le grand-père de Tina l'emmène en bateau de l'autre côté de la rivière, où elle trouve de fabuleuses chaussettes rouge, jaune et vert. Tina aime tant ses nouvelles chaussettes qu'elle refuse de les enlever. Après quelques jours, les chaussettes sentent tellement mauvais que les amis de Tina décident de l'emmener à la rivière pour y laver ses chaussettes. Tina est si fière de ses chaussettes propres qu'elle demande à sa mère de lui acheter une chemise assortie. Si elle la porte assez longtemps, ses amis vont peut-être la laver aussi!

Questions

Avant de commencer à lire

Regarde la couverture.
- D'après toi, où cette histoire se déroule-t-elle? Y a-t-il un indice dans l'illustration?

Regarde l'arrière du livre.
- Lis le résumé qui s'y trouve et essaie de deviner ce que vont devoir faire les amis de Tina.
- (Notez les suppositions des élèves sur une grande feuille ou au tableau.)
- Lis les renseignements au sujet de l'auteur.
- De qui Robert Munsch s'est-il inspiré pour créer cette histoire?
- Sur une carte des Territoires du Nord-Ouest, trouve la réserve des Dénés de Hay River (*Katl'odeeche*).

Origine de l'histoire
Tes chaussettes
sentent la mouffette!

Pendant qu'il visitait le Grand Nord en 1984, Robert Munsch s'est rendu à la réserve Hay River. Trois enfants, dont une petite fille appelée Tina, sont venus écouter ses histoires. Tina portait des bas multicolores. Robert Munsch a inventé une histoire à propos de bas sales. Dans l'histoire, Tina avait la drôle d'habitude d'échanger ses bas sales contre les bas propres des autres personnes. Robert Munsch a continué de conter l'histoire des chaussettes au fil des années, tout en la modifiant. Puis un jour, son éditeur lui a suggéré de la publier. Robert Munsch a communiqué avec un ami à Hay River, qui lui a envoyé des photos de la réserve et de Tina à l'âge de 6 ans. L'auteur a remis ces photos à Michael Martchenko qui s'en est servi pour illustrer l'album. Son livre terminé, Robert Munsch a été invité à en faire le lancement officiel à la réserve des Dénés.

Regarde la page de la dédicace.
- Quel indice l'image des castors nous donne-t-elle au sujet de l'histoire?

En cours de lecture

- p. 6 : Pourquoi Tina a-t-elle de la difficulté à diriger le bateau?
- p. 13 : Pourquoi son grand-père a-t-il l'air malade?
- p. 14 : D'après toi, que va-t-il se passer si Tina n'enlève jamais ses chaussettes?
- p. 24 : Penses-tu que Tina va continuer de porter des chaussettes propres?
- p. 25 : D'après toi, pourquoi l'illustrateur a-t-il choisi de dessiner des fleurs autour des chaussettes propres?

Quand la lecture est terminée

- Vérifie les suppositions que tu avais faites avant de lire le livre.
- Regarde où se trouve Hay River sur la carte. Sur les rives de quel lac la réserve est-elle située? Y a-t-il une ville de l'autre côté du lac?

Coup d'œil sur les illustrations

- Avant de commencer à lire l'histoire, expliquez aux élèves que le ptérodactyle est un symbole que Michael Martchenko continue d'inclure dans les albums de Robert Munsch. Demandez aux élèves de repérer le ptérodactyle au fil des pages que vous lisez.

- Dans cette histoire, un grand nombre d'illustrations contiennent des édifices et des objets qui sont modernes et d'autres qui sont traditionnels. Demandez aux élèves de repérer les éléments modernes et traditionnels dans les illustrations et inscrivez leurs trouvailles sur un tableau à deux colonnes.

Projet de recherche sur les animaux du Nord

Au cours de cette activité, les élèves sont amenés à effectuer un travail de recherche sur les nombreux animaux du Nord qui figurent dans l'album. Selon le niveau d'expérience qu'ont les élèves pour ce qui est des projets de recherche, vous pouvez demander à tous les élèves de la classe de recueillir des renseignements et des idées ensemble, ou faire faire le travail de recherche en petits groupes.

Liens avec le programme

Arts du langage — développement de compétences en recherche
Sciences — cycles de vie des animaux
Société — communauté du Nord

Matériel nécessaire

Grilles de recherche (voir le modèle à reproduire aux pp. 34 et 35)
Livres sur les animaux du Nord

Déroulement de l'activité

1. Reportez-vous à l'image des animaux du Nord, à la page 27 de l'album. Animez une séance de remue-méninges pour dresser une liste des animaux qui figurent dans l'histoire et notez-les sur une grande feuille ou au tableau. Vous pourriez également inclure dans cette liste des animaux du Nord qu'on ne retrouve pas dans l'histoire, tels que l'ours polaire, le caribou et le cerf de Virginie.

2. Expliquez aux élèves qu'ils vont avoir l'occasion d'approfondir leurs connaissances sur les animaux du Nord.

3. Choisissez un de ces animaux comme sujet d'un projet de recherche à faire avec la classe. Animez une séance de remue-méninges pour trouver des questions à poser au sujet de l'animal choisi et notez-les sur une grande feuille ou au tableau. Répartissez les questions selon leur catégorie, telle que : description, ennemis, alimentation, habitat, moyens de défense et particularités.

4. Abordez une catégorie à la fois. Répartissez, parmi les élèves, des ouvrages documentaires traitant de la catégorie retenue pour ce jour-là. Notez l'information recueillie sur une grande feuille.

5. Montrez aux élèves comment prendre l'information du tableau préparé sur la grande feuille et l'inscrire, en abrégé, dans la grille de recherche. Vous pourriez reproduire la grille de recherche sur un transparent pour en démontrer l'utilisation au moyen d'un rétroprojecteur.

6. Une fois la grille de recherche remplie, montrez aux élèves comment transposer l'information en un paragraphe rédigé.

a) Présentation possible

Les élèves peuvent écrire chaque paragraphe sur une feuille distincte et ensuite agrafer toutes les feuilles pour créer un livret dans lequel chaque paragraphe constitue un chapitre. Les élèves peuvent illustrer chaque catégorie. Pour terminer, demandez aux élèves d'ajouter une table des matières, une page titre et une page d'information sur l'auteur.

b) Autre présentation possible

Chaque élève peut afficher son information sur un grand carton et illustrer chaque catégorie.

Renforcement

◎ En équipe de deux ou en petits groupes, les élèves peuvent faire une recherche sur un autre animal du Nord ou d'ailleurs. Ils peuvent présenter leurs travaux au reste de la classe et mettre en parallèle l'information recueillie pour faire ressortir certaines des ressemblances et des différences entre les animaux.

Ouvrages documentaires pour le projet de recherche

Collection *Zoom nature* (Éditions Scholastic)

Ces animaux qui nous étonnent (Jacqui Bailey)

Animaux de l'Arctique (Chelsea Donaldson)

Collection *J'explore la faune* (Deborah Hodge et Adrienne Mason)

Le monde animal (Éditions Usborne)

Grille de recherche

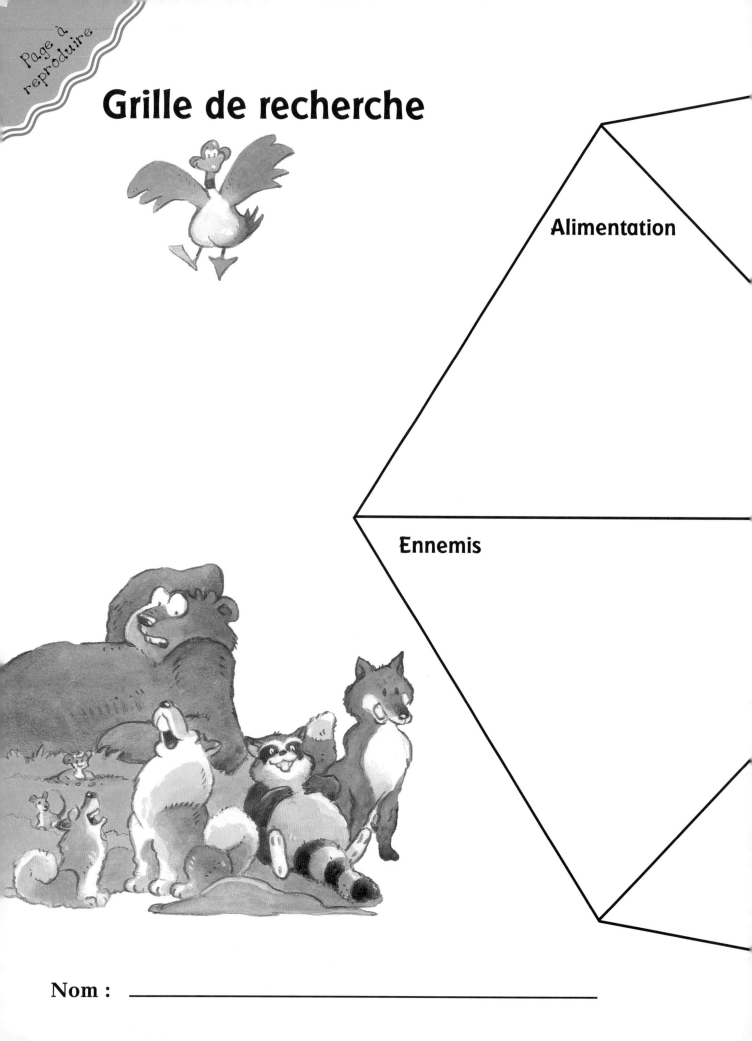

Alimentation

Ennemis

Nom : _____

Description

**Moyens
de défense**

Particularités

Habitat

Robert Munsch en classe – Vol. 2, pp. 34 et 35 © Éditions Scholastic, 2005.

Activité n° 2

Tests de flottabilité

Au cours de cette activité, les élèves construiront chacun un bateau qui flotte et le soumettront à des tests pour vérifier quel poids leur bateau peut supporter avant de couler.

Liens avec le programme

Sciences — bateaux et flottabilité, construction d'un bateau qui flotte, évaluation et mise à l'épreuve de différents types de bateaux
Mathématiques — estimer, mesurer et inscrire la masse (poids) en se servant d'unités inhabituelles

Matériel nécessaire

Pâte à modeler (une petite boule pour chaque élève)
6 grands bacs d'eau
6 variétés de poids, tels que des pièces d'un cent, des petits cubes en plastique, etc.
6 boîtes
Bandes de papier
Crayons

Préparation

Dans la classe, installez 6 postes de test, chacun ayant un grand bac d'eau, une boîte (pour les suppositions), des bandes de papier (sur lesquelles inscrire les suppositions), des crayons et un ensemble de poids.

Déroulement de l'activité

1. Rappelez aux élèves que, dans l'histoire *Tes chaussettes sentent la mouffette!*, Tina et son grand-père traversent la rivière en bateau pour acheter des chaussettes. Expliquez aux enfants que chacun d'eux va avoir l'occasion de fabriquer son propre bateau. Leur tâche consistera à vérifier quel poids leur bateau peut supporter avant de couler.

2. Montrez aux élèves comment construire un bateau avec une petite boule de pâte à modeler.

3. Indiquez aux élèves les postes que vous avez installés dans la classe. Dites-leur qu'une fois qu'ils auront terminé de fabriquer leur bateau, ils se rendront à chaque poste tour à tour pour émettre une supposition quant au nombre de poids que leur bateau pourra contenir tout en continuant à flotter.

4. Demandez-leur d'inscrire leur nom et leur supposition sur une bande de papier à chaque poste.

5. Une fois que les enfants ont fait leurs suppositions, ils peuvent procéder aux tests et noter, sur la même bande de papier, le nombre de poids qu'ils ont pu mettre dans leur bateau avant qu'il coule. Demandez aux élèves de déposer les bandes de papier dans la boîte.

6. Invitez toute la classe à discuter des résultats de l'expérience. *Tes suppositions se rapprochaient-elles du nombre véritable de poids? Le nombre de poids que pouvait contenir ton bateau variait-il selon le test? Pourquoi? Quelle forme avait le bateau qui flottait le mieux? La forme du bateau déterminait-elle la quantité de poids qu'il pouvait contenir?*

7. Demandez à deux élèves ayant des bateaux de formes différentes de faire part de leurs résultats au reste de la classe. Leurs bateaux ont-ils pu contenir la même quantité de poids? Pourquoi ou pourquoi pas? Comparez les autres types de bateaux qu'ont fabriqués les élèves.

Renforcement

◎ Demandez aux élèves s'ils sont déjà montés à bord d'un bateau ou d'un canot. En regardant les pages 7 et 8 de l'album, demandez aux élèves de relever des règles de sécurité nautique qui sont respectées et d'autres qui ne le sont pas. Animez une séance de remue-méninges pour trouver d'autres conseils de sécurité nautique, comme par exemple : établir un itinéraire en indiquant l'heure de retour prévue, toujours être accompagné d'un adulte et circuler à une vitesse sécuritaire.

Cette histoire s'inspire d'une simple phrase que Robert Munsch avait l'habitude de dire aux tout-petits. Il levait les mains en faisant « Hop, hop, hop, hop, HOP », puis il tombait par terre. Les enfants riaient aux éclats et l'imitaient.

Cette phrase et les gestes l'accompagnant se retrouvent dans cette histoire au sujet d'une petite fille qui grimpe partout. La phrase « Hop, hop, hop, hop, HOP » est d'ailleurs imprimée de façon à guider l'intonation du lecteur! Le personnage principal de cette histoire, Anna (qu'on a nommée Marilou dans la version française), était une voisine de Robert Munsch.

Marilou casse-cou

Résumé

Marilou adore grimper. Frigo, commode ou arbre, rien ne lui résiste! Or, elle tombe souvent. Alors ses parents lui disent : « Attention! Il ne faut pas grimper comme ça! » Mais Marilou n'en fait qu'à sa tête. Un jour, pour convaincre Marilou de descendre du haut d'un arbre, sa mère et son père essaient tous les deux d'y grimper, mais tombent par terre. Et voilà que Marilou leur dit à son tour : « Attention, il ne faut pas grimper comme ça! »

Questions

Avant de commencer à lire

Regarde la couverture.
- Que fait la fille?
- D'après toi, pourquoi cette histoire s'intitule-t-elle *Marilou casse-cou*?

Regarde l'arrière du livre et lis le résumé.
- Essaie de deviner comment les parents de Marilou parviendront à la faire descendre.

Regarde la page de la dédicace.
- Qui est la petite fille sur cette page?

En cours de lecture

- p. 6 : Qu'est-ce que Marilou décide d'escalader?
- p. 12 : Que va faire Marilou au sommet de l'arbre?
- p. 20 : Comment les parents de Marilou vont-ils la faire descendre de l'arbre?

• Pourquoi Marilou aime-t-elle grimper?

Coup d'œil sur les illustrations

Laissez aux enfants le temps de bien examiner les illustrations pour en voir tous les détails. Dans cette histoire, on retrouve les couvertures d'autres albums de Robert Munsch et Michael Martchenko, des images d'autres possibilités d'escalades affichées aux murs, et de drôles d'animaux dans l'arbre. Remarquez aussi les façons ingénieuses dont les illustrations accentuent certains éléments de l'histoire, comme l'impression sur double page du grand arbre et la traînée d'étoiles qui marque « l'atterrissage forcé » des personnages.

Le grand arbre des objectifs

Cette activité devrait s'étendre sur plusieurs semaines ou même des mois pour permettre aux élèves d'atteindre leurs objectifs.

Liens avec le programme
Santé — établissement d'objectifs

Matériel nécessaire
Silhouettes de feuille d'érable pour noter les objectifs à court et à long terme (voir le modèle à reproduire à la p. 42)

Déroulement de l'activité
1. Demandez aux élèves pourquoi, à leur avis, Marilou aime grimper. Demandez-leur s'ils ont déjà été vraiment fiers d'avoir atteint un objectif, comme apprendre à rouler à bicyclette, descendre le mât du terrain de jeu ou apprendre quelque chose de difficile à l'école.

2. Expliquez-leur que les choses qu'ils veulent accomplir – leurs objectifs – sont un peu comme des arbres qu'il leur faut escalader.

3. Expliquez-leur que vous allez créer votre propre arbre en classe afin de célébrer les objectifs qu'ils se fixent et qu'ils atteignent.

4. Fournissez des exemples de vos propres objectifs pour leur donner une idée du concept.

5. Expliquez-leur qu'il faut un plan pour parvenir à un objectif. Par exemple :

> Mon objectif est d'écrire correctement tous les mots de ma dictée cette semaine. Pour y arriver, je vais m'exercer à écrire les mots de la dictée tous les soirs après le souper.

6. Remettez une silhouette de feuille à chaque élève. Demandez-leur d'y inscrire un objectif. Ils doivent également trouver une façon d'atteindre cet objectif. Ils peuvent décorer ou colorier leur feuille, s'ils le désirent.

7. Au tableau d'affichage, créez un arbre sur lequel les élèves pourront placer une feuille pour chaque objectif atteint. N'oubliez pas de souligner l'atteinte de chaque objectif par des applaudissements et des félicitations!

Renforcement

◎ Vous pourriez discuter de la différence entre l'objectif à court terme – que l'on peut accomplir assez rapidement – et l'objectif à long terme – dont l'atteinte nécessite des efforts prolongés. Donnez des exemples de vos propres objectifs à court et à long terme pour faire ressortir leur différence. Demandez aux élèves de trouver une qualité personnelle qui leur permettra d'atteindre leur objectif, comme la force de caractère, la persévérance, le courage, et même l'entêtement!

Ouvrages connexes

On retrouve des enfants qui présentent des traits de caractère importants et qui atteignent leurs objectifs dans les histoires suivantes :

Anouchka de la Pétarade (Annie Gravier)

Le grand rêve de Marie-Ève (Linda Bailey)

Le gardien masqué (Mike Leonetti)

Mon objectif

_____

_____

_____

_____

_____

_____

_____

_____

_____

_____

_____

Nom : _____

Pour l'amour des arbres

Liens avec le programme
Sciences — rythme des saisons, conservation

Matériel nécessaire
Papier et crayons pour produire un frottis
Petit journal ou carnet
Crayons de couleur ou crayons de cire
Ruban à mesurer

Déroulement de l'activité
1. Dans la cour de l'école ou dans un endroit boisé des alentours, choisissez un arbre que les élèves pourront adopter et observer durant l'année scolaire.

2. Une fois l'arbre choisi, invitez les élèves à produire un frottis (calque par frottement) de l'écorce de l'arbre. Ce frottis pourrait servir de couverture à leur « carnet d'observation d'un arbre ».

3. À la première séance d'observation, demandez aux élèves de rédiger une description de l'arbre et d'essayer de deviner de quelle espèce il s'agit. Ils pourraient aussi faire un dessin de l'arbre et tenter de déterminer quels animaux dépendent de cet arbre pour se nourrir, s'abriter, etc. *Examine attentivement l'arbre. Vois-tu des araignées? Des écureuils? Des oiseaux? Touche l'arbre. Quelle texture a-t-il? A-t-il des feuilles ou des aiguilles? Quelle odeur a cet arbre?* Dites aux élèves de noter leurs observations. Ils pourraient également mesurer la circonférence du tronc de l'arbre et même estimer la hauteur de celui-ci.

4. Emmenez les enfants observer l'arbre une fois par mois et demandez-leur chaque fois de dessiner l'arbre, de l'observer et de noter les changements.

5. Les élèves pourraient effectuer une recherche sur cette espèce d'arbre pour trouver les autres régions où on la retrouve, ses utilités et d'autres faits particuliers à son sujet. Un autre projet de recherche pourrait porter sur les animaux qui vivent dans cet arbre ou l'utilisent d'une façon quelconque.

6. À la fin de l'année, les élèves peuvent compiler leurs notes pour former leur « carnet d'observation d'un arbre ».

Renforcement

◎ Les élèves peuvent planter leurs propres arbres.

◎ Des activités artistiques connexes pourraient inclure la création d'objets à partir des formes de feuilles d'arbres ou encore des dessins d'arbres au pastel.

Ouvrages connexes

Il existe un vaste choix d'histoires intéressantes à propos des arbres, dont les albums suivants :
Lune d'érable (Connie Brummel Crook)
L'arbre généreux (Shel Silverstein)
Histoire d'amour (Cécile Gagnon)

Les enfants peuvent également se renseigner sur les arbres en consultant, entre autres, les ouvrages informatifs suivants :
Les érables (Allan Fowler)
Découvrons les arbres (Pamela Hickman)
Au fil des saisons (Gérard Blondeau)

VROUM!

Résumé

Laurie ayant besoin d'un nouveau fauteuil roulant, sa maman l'emmène en acheter un au magasin. On y vend de beaux fauteuils roulants à 5 vitesses, à 10 vitesses et à 15 vitesses, mais Laurie veut le modèle tout-terrain noir, argent et rouge à 92 vitesses! Sa mère permet à Laurie de faire un essai, mais la petite fille reçoit une contravention dès qu'elle prend la route avec son nouveau fauteuil. En l'apprenant, ses parents sont mécontents, mais quand le frère de Laurie doit se rendre d'urgence à l'hôpital, le fauteuil roulant ultra-rapide s'avère fort utile.

Questions

Avant de commencer à lire

Regarde la couverture.
- Pourquoi cette histoire s'intitule-t-elle *VROUM!*?
- Pourquoi la police pourchasse-t-elle la fille en fauteuil roulant?

Regarde l'arrière du livre et lis le résumé.
- Devine ce qui va se produire quand Laurie ira très, très vite.

Regarde la page de la dédicace.
- Que remarques-tu au sujet de Laurie?

En cours de lecture

- (Remarque : Pour permettre aux élèves de faire des suppositions relativement à certains des principaux événements de l'histoire, lisez chaque page avant de leur montrer l'illustration correspondante.)

Origine de l'histoire VROUM!

L'histoire *VROUM!* a eu pour sujet bien des choses différentes : une bicyclette, une planche à roulettes, un fauteuil roulant… à peu près tous les moyens de locomotion qu'utilisent les enfants! La première fois que Robert Munsch l'a contée, il y parlait d'un garçon de Calgary qui recevait une contravention pour excès de vitesse à bicyclette. L'auteur a ensuite changé l'histoire chaque fois qu'il l'a contée, mais si un enfant en fauteuil roulant se trouvait dans l'auditoire, il en faisait toujours une histoire de fauteuil roulant. En 1997, Lauretta, d'Orillia, en Ontario, lui a écrit pour lui demander de créer une histoire au sujet d'une fille qui marchait avec des béquilles et se déplaçait en fauteuil roulant, comme elle le faisait. Robert Munsch a été ravi de faire de *VROUM!* une histoire dédiée à Lauretta (qu'on a nommée Laurie dans la version française).

- p. 10 : Quelle sorte de fauteuil roulant Laurie veut-elle?
- p. 14 : Que va-t-il se passer quand Laurie prendra la route avec son fauteuil roulant?
- p. 18 : Que vont dire ses parents au sujet de la contravention?
- p. 24 : Pourquoi la voiture ne peut-elle pas démarrer? Comment le frère de Laurie se rendra-t-il à l'hôpital?
- p. 28 : Pourquoi Laurie ne veut-elle plus de son fauteuil roulant?

Quand la lecture est terminée

- Dessine le fauteuil roulant que veut Laurie, puis regarde l'illustration à la page 30.
- D'après toi, pourquoi Laurie veut-elle aller très, très vite?
- Robert Munsch dit qu'au début, cette histoire n'était pas à propos d'une fille et de son fauteuil roulant, mais plutôt à propos d'un garçon et de sa bicyclette. Si c'était toi le personnage principal dans cette histoire, quel serait ton moyen de locomotion?

Coup d'œil sur les illustrations

✷ Laissez aux enfants le temps de bien examiner les illustrations pour en voir tous les détails. On retrouve, dans cet album, les détails cocasses caractéristiques de Michael Martchenko : des petits animaux qui font des choses hilarantes, le père Noël dans l'embrasure d'une porte, le ptérodactyle, le bandit qui lit un livre de Robert Munsch dans la voiture de police.

À vous de me convaincre!

Au cours de cette activité, les élèves sont amenés à élaborer un argument mûrement réfléchi et convaincant.

Liens avec le programme
Langue et communication — rédaction persuasive

Matériel nécessaire
Tableau *À vous de me convaincre* (voir le modèle à reproduire à la p. 49)

Déroulement de l'activité

1. Tracez deux colonnes au tableau. Dans une colonne, inscrivez *ACHETER le fauteuil roulant à 92 vitesses*, et dans l'autre colonne, *NE PAS ACHETER le fauteuil roulant à 92 vitesses*.

2. Après avoir relu *VROUM!*, attirez l'attention des enfants sur la page 12, où la mère de Laurie lui donne trois raisons de ne pas acheter le fauteuil roulant ultra-rapide : il coûte trop cher; il va trop vite; Laurie est trop petite pour ce genre de fauteuil. Inscrivez ces raisons dans la colonne *NE PAS ACHETER* au tableau.

3. Animez une séance de remue-méninges pour trouver des raisons d'acheter le fauteuil roulant, de même que d'autres raisons de ne pas l'acheter. Notez les suggestions des élèves au tableau.

4. Encouragez les enfants à discuter de différents points de vue, deux par deux ou en petits groupes, en les invitant à dire s'ils pensent que la mère de Laurie devrait acheter le fauteuil roulant ou ne pas l'acheter.

5. Demandez à chaque groupe de se mettre d'accord sur une opinion, puis de remplir le tableau pour préparer leurs arguments. (Pour leur montrer comment se servir du tableau, vous pourriez utiliser l'opinion de la mère de Laurie et les trois raisons qu'elle donne.)

6. Demandez aux élèves de faire semblant d'être Laurie. Faites-leur écrire à leurs parents une lettre expliquant pourquoi ils devraient (ou ne devraient pas) acheter le fauteuil roulant. Faites-leur utiliser le tableau pour les aider dans leur rédaction.

Renforcement

◎ Des groupes ayant des opinions opposées pourraient tenter de se persuader les uns les autres de changer d'opinion.

◎ Les enfants pourraient se servir du tableau pour élaborer un autre argument persuasif à l'intention de leur directeur ou directrice, ou de leurs parents.

Nom :_____

À vous de me convaincre!

Nous pensons que :_____

_____

_____

1re raison :_____

_____

2e raison :_____

_____

3e raison :_____

_____

Notre décision finale :_____

_____

_____

Robert Munsch en classe – Vol. 2, p. 49 © Éditions Scholastic, 2005.

Cultivons l'empathie

L'empathie est la faculté de s'identifier à quelqu'un, de ressentir ce qu'il ou elle ressent. L'éducatrice et auteure Michele Borba l'appelle « la vertu primordiale de l'intelligence morale ». L'histoire *VROUM!* offre un bon point de départ pour discuter de l'empathie, car on y trouve un personnage qui est aux prises avec des difficultés physiques, mais qui a aussi des talents évidents. Cette histoire aidera les enfants à comprendre que faire preuve d'empathie à l'égard de quelqu'un ne signifie pas en avoir pitié.

Liens avec le programme
Santé — relations personnelles
Enseignement moral

Matériel nécessaire
Tableau à deux colonnes (voir le modèle à reproduire à la p. 53)

Déroulement de l'activité
1. Demandez aux enfants s'il leur est arrivé de pleurer en regardant un film ou une émission de télé, lorsqu'il se produisait quelque chose de triste pour un personnage, ou encore de s'exclamer de joie lorsque quelque chose de vraiment bien se produisait. Lancez une discussion sur ce qui leur a permis de partager les émotions des personnages.

2. Expliquez-leur que l'empathie signifie être en mesure de comprendre et d'apprécier ce que ressent une autre personne.

3. Demandez-leur de songer à d'autres moments dans la vraie vie où ils ont compris ce que ressentait quelqu'un d'autre, comme par exemple lorsque les paroles de quelqu'un ont blessé un ou une ami(e). Discutez du genre de choses qu'ils font lorsqu'ils ressentent de l'empathie à l'égard d'une personne. Par exemple, s'ils voient quelqu'un qui est exclu d'un groupe au terrain de jeu, ils pourraient lui offrir de jouer à un autre jeu avec eux.

4. Parlez de l'incapacité de Laurie. *Essaie d'imaginer ce qu'elle vit. Qu'est-ce qui est le plus difficile quand on est en fauteuil roulant? D'après toi, comment les gens la traitent-ils parfois? D'après toi, pourquoi veut-elle rouler si vite?*

5. Dans le but d'aider les enfants à comprendre que faire preuve d'empathie envers Laurie ne signifie pas en avoir pitié, animez une séance de remue-méninges en vue de déterminer ce qu'ils ont appris à son sujet en lisant cette histoire. Ils soulèveront peut-être le fait qu'elle ne peut pas marcher, qu'elle est brave et qu'elle est vive. Aidez-les à comprendre que, même si Laurie est aux prises avec certaines difficultés, elle a aussi de nombreux talents.

6. Pour continuer de cultiver l'empathie chez les enfants, aidez-les, pendant plusieurs semaines, à se familiariser avec les termes exprimant des sentiments et à les utiliser. Il s'agit là d'une première étape importante dans l'apprentissage de l'empathie. Les enfants pourraient créer un « abécédaire des sentiments » ou un montage de mots, où ils trouveraient et illustreraient un terme d'émotion pour chaque lettre de l'alphabet, comme par exemple : A comme dans anxieux, B comme dans bouleversé et ainsi de suite.

7. Donnez l'occasion aux élèves de se sensibiliser aux sentiments des autres en lisant d'autres histoires présentant des personnages aux défis particuliers et en tentant de s'imaginer dans la peau de ces personnages. Vous trouverez des suggestions sous la rubrique des ouvrages connexes.

8. Enfin, donnez des occasions aux élèves de prendre en considération le point de vue des autres. Ils pourraient remplir un tableau de pensées exprimant les sentiments d'un personnage quelconque. Ils pourraient faire un jeu de rôle où deux enfants ont un léger désaccord. Chacun devrait changer littéralement de place avec l'autre pour « se mettre à sa place » et ainsi mieux comprendre son point de vue.

9. Une fois que les élèves ont eu l'occasion d'explorer ce qu'est l'empathie, remplissez avec eux un tableau à deux colonnes – l'une sur les façons d'exprimer de l'empathie par nos gestes et l'autre sur les façons d'exprimer de l'empathie par nos paroles. Voici quelques suggestions :

Agir avec empathie, c'est...	Parler avec empathie, c'est dire...
Étreindre quelqu'un qui pleure.	*« Bravo! Je sais que tu y as mis beaucoup d'efforts. »*
Réconforter quelqu'un qui est malade.	*« Est-ce que je peux t'aider? »*
Inclure quelqu'un dans ses jeux.	*« Est-ce que ça va? »*
Célébrer la victoire de quelqu'un d'autre.	*« Je suis vraiment content(e) pour toi! »*

Renforcement

◎ À partir des idées du tableau, les élèves pourraient créer des affiches sur l'empathie pour les couloirs de l'école.

Ouvrages connexes

Il existe de nombreux albums qui favorisent les discussions sur ce que ressentent les gens qui vivent avec des incapacités. En voici quelques-uns :

Léon le caméléon (Mélanie Watt)
Drôle de singe! (Éric Girard)
Alex est handicapé (Dominique de Saint Mars)

Les élèves peuvent aussi se sensibiliser aux réalités des enfants qui vivent avec des incapacités physiques en consultant, entre autres, l'ouvrage informatif suivant :

Vivre ensemble : Les différences (Éditions Bayard Jeunesse)

(Remarque : Certaines des idées de leçons fournies dans les présentes proviennent du livre *Building Moral Intelligence*, de Michele Borba.)

Nom : _____

Agir avec empathie, c'est…	Parler avec empathie, c'est dire…
_____ _____ _____	_____ _____ _____
_____ _____ _____	_____ _____ _____
_____ _____ _____	_____ _____ _____
_____ _____ _____	_____ _____ _____

Nous aimons les effets sonores des histoires de Munsch!

À présent que vos élèves ont lu et écouté de nombreuses histoires de Robert Munsch, aidez-les à incorporer des effets sonores dans leurs propres textes, au moyen de l'activité suivante.

Liens avec le programme

Langue et communication

Matériel nécessaire

Ensembles livre et CD ou cassette d'histoires de Munsch
Bandes de papier *Tout comme Munsch* (modèle à reproduire à la p. 57)
Exemplaires d'albums de Robert Munsch (avec indication des pages pertinentes)

Déroulement de l'activité

1. Distribuez les bandes de papier à plusieurs élèves.

2. Demandez-leur de lire l'extrait qui se trouve sur leur bande de papier. (Il s'agit de passages sélectionnés dans les albums susmentionnés et tapés en caractères ordinaires, plutôt qu'en caractères modifiés, comme c'est le cas dans les albums. S'ils n'ont jamais écouté l'histoire enregistrée, ils liront probablement le texte de façon peu expressive.)

3. Écoutez les mêmes histoires (ou des passages des histoires) sur CD ou sur cassette. Demandez aux élèves d'observer la différence entre l'enregistrement et la façon dont les élèves ont lu l'histoire. Les élèves devraient remarquer que les histoires enregistrées sont lues de façon très expressive. Les conteurs et les conteuses déguisent leurs voix et ajoutent beaucoup d'effets sonores. C'est d'ailleurs de là que provient en grande partie l'humour de ces histoires.

4. Les histoires de Robert Munsch sont destinées à être lues tout haut pour les enfants. Demandez aux élèves comment l'on pourrait écrire des histoires de façon à encourager les lecteurs à prendre une voix grave ou comique, ou encore un ton expressif en les lisant aux enfants. Regardez les pages indiquées et voyez comment le style des caractères, leur taille et leur disposition, ainsi que la ponctuation, encourageraient les gens à lire ces histoires d'une façon particulièrement expressive ou à produire certains effets sonores. Par exemple, dans *Marilou casse-cou*, la phrase « Hop, hop, hop, hop, HOP » est imprimée en escalier pour encourager les lecteurs à faire monter leur voix. Dans *VROUM!*, le mot « Vroum » s'allonge de plus en plus à travers l'histoire afin d'encourager les lecteurs à faire des « vroum » de plus en plus longs et de plus en plus forts. Exercez-vous à lire ces extraits avec les effets sonores appropriés.

5. Explorez divers albums de Robert Munsch et dressez une liste de tous les effets sonores qui s'y trouvent.

6. Explorez des livres d'autres auteurs où l'on trouve des effets sonores et discutez de la façon dont ces auteurs les utilisent et pourquoi, de même que les moyens d'impression utilisés en vue de guider l'intonation.
(Suggestions d'albums sous la rubrique des ouvrages connexes.)

7. Faites écouter aux élèves des enregistrements contenant des bruits qu'on entend couramment à la maison, en classe, à l'école ou dans le quartier. Demandez-leur de deviner de quel son il s'agit, puis d'essayer de rendre chaque son par écrit. *Quel bruit fait une personne qui saute dans la piscine? Comment rendrais-tu le son que fait du lait qu'on verse dans un bol de céréales? Quel serait le meilleur mot pour rendre le son que fait la craie en glissant sur le tableau?*

8. Donnez l'occasion aux élèves d'incorporer des effets sonores dans leur propre rédaction de poèmes ou d'histoires.

Renforcement

◎ Une fois qu'ils ont dressé une longue liste d'effets sonores, demandez aux élèves d'indiquer quel est leur effet sonore préféré dans les albums de Robert Munsch et pourquoi.

◎ Vous pourriez initier les élèves plus âgés au concept de l'onomatopée et en chercher des exemples dans les albums de Robert Munsch. Vous pourriez les mettre au défi de distinguer les exemples d'onomatopées de l'utilisation d'effets sonores.

◎ Lancez un concours amusant pour déterminer qui peut trouver la façon la plus expressive de conter une histoire de Robert Munsch.

◎ Faites du théâtre avec une histoire de Robert Munsch. Assignez des rôles aux élèves et faites-leur présenter leur réalisation devant toute l'école.

Ouvrages connexes

Aaaaaah! Une araignée! (Lydia Monks)
Grouille-toi, Nicolas! (Gilles Tibo)
Laisse tomber, princesse! (Leah Wilcox)

Tout comme Munsch

Hop, hop, hop, hop, hop, elle grimpe... et tombe en plein sur les fesses.
– Ouille! ouille! ouille!

(p. 10, Marilou casse-cou)

Tina monte à bord et rame lentement. Plouf! Plouf! Plouf! Le bateau avance lentement en faisant des ronds. Wouch! Wouch! Wouch!

(p. 6, Tes chaussettes sentent la mouffette!)

Louis va dans la maison chercher la poivrière. Il pousse la tête d'André vers l'arrière et lui poivre le nez.
– Ah... ah... ah... atchou! fait André.

(p. 24, Ma dent ne veut pas tomber!)

Elles rentrent à la maison avec le nouveau fauteuil. Laurie met le fauteuil en première vitesse et remonte l'allée. Vroum! Mais la première vitesse est bien trop lente. Elle passe en 10e vitesse. Vroum! Encore trop lent. Laurie passe donc en 20e vitesse. Ça va vite! Vroum!

(p.14, VROUM!)

Alors il prend un morceau de pâte à modeler rouge et l'aplatit entre ses mains. Pap, pap, pap, pap, pap! Il en fait un beau biscuit bien rond. Ouiche, ouiche, ouiche, ouiche, ouiche! Il le saupoudre de sucre. Chik, chik, chik, chik, chik. Il le recouvre de glaçage jaune. Glip, glip, glip, glip, glip! Il le décore de raisins. Plink, plink, plink, plink, plink!

(p. 4, Mmm... des biscuits!)

Il frappe à la porte d'une première maison. Toc, toc, toc! Un gros monsieur vient lui ouvrir.
– Bonsoir, petit. Tu es le premier à frapper à ma porte. Comme c'est charmant de voir un petit passer l'Halloween!
Luca enlève sa taie d'oreiller et dit :
– Bouh!
– Ah! crie l'homme, avant de s'écrouler par terre.

(p. 8, Bouh!)

Suggestions d'activités pour une étude de Munsch

◎ À partir des albums de Munsch, écrire le texte d'une pièce de théâtre avec les élèves, puis la monter. Remarque : *Ma dent ne veut pas tomber!* se prête bien à ce type d'activité.

◎ Monter un spectacle de marionnettes à partir d'un album de Munsch.

◎ Créer une jaquette, avec illustrations, titre et texte, d'un album de Munsch. Quand le montage est terminé, le faire laminer et l'exposer dans le coin « Munsch » de la classe.

◎ Fabriquer un signet inspiré d'un album de Munsch. Lui donner une forme qui rappelle un personnage, un bâtiment ou un objet de l'histoire choisie.

◎ Monter des sketchs portant sur les personnages principaux des albums de Munsch. Quelles qualités ont-ils souvent en commun?

◎ Dans une boîte à chaussures ou une autre boîte en carton, créer un diorama reproduisant une scène d'un album de Munsch. Écrire un court texte résumant l'histoire et décrivant la scène reproduite. Les dioramas et les textes pourraient ensuite être exposés dans une vitrine de l'école.

◎ Fabriquer une roue résumant une histoire de Munsch. Tracer un grand cercle et le diviser en six ou huit pointes. En allant dans le sens des aiguilles d'une montre, écrire et dessiner chaque moment de l'histoire choisie.

◎ Créer un monument à la gloire de Munsch. Faire un montage avec des objets représentant des personnages ou des situations tirés des histoires de Munsch. Le présenter en expliquant, pour chaque objet qui le compose, ce qu'il représente et pourquoi il a été choisi.

◎ Avec un camarade, concevoir et exécuter une murale ayant pour sujet un album de Munsch, ou encore certains personnages des albums de Munsch. Utiliser toutes sortes de matériaux : peinture, craies, pastel, papier de bricolage, boules d'ouate, cure-pipes, papier de soie de couleur, bouts de tissu.

◎ Organiser un dîner spécial pour lequel les élèves se déguiseront en leur personnage préféré de Munsch. Intituler l'événement « Miunsch-Miunsch ». Et surtout, ne pas oublier d'apporter des biscuits et des tartes pour le dessert!

◎ Écrire une histoire à la manière de Robert Munsch. Ne pas oublier d'inclure des effets sonores. (Consulter le site Internet de Robert Munsch pour voir et entendre ce que d'autres classes ont produit dans ce genre.)

◎ Écrire une lettre à Robert Munsch pour postuler un poste d'adjoint. L'enfant devra y expliquer pourquoi il est le candidat idéal pour aider l'auteur à faire son travail.

◎ Les histoires de Munsch sont souvent bizarres et un peu folles. Faire composer aux élèves leurs propres histoires bizarres. Animer d'abord une séance de remue-méninges avec eux afin de dresser un inventaire de personnages possibles (noms de personnages, d'animaux, d'extraterrestres), de lieux possibles (un zoo, une ferme, une maison) et de problèmes à résoudre (plus rien à manger, trop de bruit). Leur faire écrire sur de petits papiers chaque élément de cet inventaire. Mettre ces papiers dans trois sacs portant les mots *Personnages*, *Lieux* et *Problèmes*. Regrouper les élèves deux par deux et faire tirer à chaque équipe quelques papiers du sac *Personnages* et un seul des deux autres sacs. Demander à chaque équipe d'écrire une histoire mettant en scène les personnages et le lieu tirés, et résolvant le problème tiré.

◎ Faire ressortir les différences et les similitudes entre les histoires fantaisistes de Munsch et celles qui sont plus sérieuses, comme *Je t'aimerai toujours* et *Je ne t'oublierai jamais*.

◎ Créer un message publicitaire pour un album de Munsch. Ou encore écrire un compte rendu journalistique d'un album de Munsch.

◎ Après avoir lu et étudié un certain nombre d'albums de Munsch avec les élèves, leur demander de réfléchir à ces questions : « Pourquoi tant d'enfants aiment-ils les histoires de Munsch? » et « À quoi s'attendent-ils quand ils écoutent une histoire de Munsch? »

◎ Inviter les parents ou les élèves d'une autre classe à un festival Munsch. Devant cet auditoire, faire lire aux élèves leurs histoires préférées de Munsch, ou encore leur faire raconter les histoires avec leurs propres mots.

◎ Organiser un gala en demandant aux élèves de mettre leur plus belle tenue pour la remise des prix *Gémunsch* du meilleur personnage principal, du meilleur personnage animal, de l'histoire la plus drôle, de la meilleure illustration et de leur histoire préférée.

LISTE DE RESSOURCES

Livres de Robert Munsch

Anniversaire, L'
Au secours, Maman!
Avion de Julie, L'
Bébé Alligator?, Un
Bébé, Le
Bouh!
Chaussettes sentent la mouffette!, Tes
Désordre, Le
Dodo, Le
Drôles d'histoires, vol. 1
Drôles d'histoires, vol. 2
Drôles de cochons!
Fantaisies d'Adèle, Les
Habit de neige, L'
J'ai envie...
J'ai un beau château
Jamais je ne t'oublierai
Je t'aimerai toujours
Ma dent ne veut pas tomber!
Ma mère exagère!
Magicienne, La
Mais où est donc Gah-ning?
Maison pour rire, Une
Maquillage à gogo
Marilou casse-cou
Métro, Le
Mmm... des biscuits!
Monde de Munsch, Le
On partage tout!
Où es-tu, Catherine!
Papa de David, Le
Papa réveille-toi
Pompiers, Les
Princesse à la robe de papier, La
Ribambelle de rubans
Sors du lit, Annie!
Tignasse de Max, La
Tonne de tartes!, Une
Violet, vert et jaune
VROUM!

Liste d'ouvrages reliés aux thèmes abordés

Ma dent ne veut pas tomber!
Bourgeois, Paulette. *Benjamin et la fée des dents*
Cheyette Lewison, Wendy. *Clifford perd une dent*
Luppens, Michel. *Mais que font les fées avec toutes ces dents?*
McMullan, Kate. *Caramel et la fée des dents*
Mercier, Johanne. *Caillou chez le dentiste*
Shaw, Gina. *Hip, hip, hip, les dents*
Tibo, Gilles. *Le club des dents*
Wilhelm, Hans. *J'ai perdu une dent!*

Mmm... des biscuits!
Cantin, Marc. *Le grand gentil loup*
Keenan, Sheila. *Lili grand cœur*
MacLeod, Elizabeth. *Biscuits farfelus*
MacLeod, Elizabeth. *Délices à offrir et à croquer*
Watt, Fiona. *Gâteaux et biscuits*
Wood, Don et Audrey. *Joyeux Noël, ours affamé*

Tes chaussettes sentent la mouffette!
Bailey, Jacqui. *Ces animaux qui nous étonnent*
Donaldson, Chelsea. *Animaux de l'Arctique*
Éditions Scholastic. Collection *Zoom nature*
Hodge, Deborah. Collection *J'explore la faune*
Mason, Adrienne. Collection *J'explore la faune*
Éditions Usborne. *Le monde animal*

Marilou casse-cou
Bailey, Linda. *Le grand rêve de Marie-Ève*
Blondeau, Gérard. *Au fil des saisons*
Brummel Crook, Connie. *Lune d'érable*
Fowler, Allan. *Les érables*
Gagnon, Cécile. *Histoire d'amour*
Gravier, Annie. *Anouchka de la Pétarade*
Hickman, Pamela. *Découvrons les arbres*
Leonetti, Mike. *Le gardien masqué*
Silverstein, Shel. *L'arbre généreux*

VROUM!
De Saint Mars, Dominique. *Alex est handicapé*
Éditions Bayard Jeunesse. *Vivre ensemble :*
  Les différences
Girard, Éric. *Drôle de singe!*
Watt, Mélanie. *Léon le caméléon*

Activité générale
Bourgeois, Paulette. *Benjamin va à l'école*
  (livre et cassette)
Gilman, Phoebe. *Un merveilleux petit rien*
  (livre et cassette)
Monks, Lydia. *Aaaaaah! Une araignée!*
Munsch, Robert. *J'ai un beau château* (livre
  et CD)
Munsch, Robert. *Ma dent ne veut pas tomber!*
  (livre et cassette)
Munsch, Robert. *On partage tout!* (livre et CD)
Tibo, Gilles. *Grouille-toi, Nicolas!*
Wilcox, Leah. *Laisse tomber, princesse!*

Site Web

Pour obtenir de plus amples renseignements au
sujet de Robert Munsch, veuillez consulter le site
des Éditions Scholastic :

www.scholastic.ca/editions/

Notes